D0132548

TODO SOBRE EL RODEO

ALL ABOUT THE RODEO

LOS DOMADORES DE BRONCOS DEL RODEO

RODEO BRONC RIDERS

Lynn Stone

Rourke
Publishing LLC
Vero Beach, Florida 32964

J SP 791.84 STO
Stone, Lynn M.
Los domadores de broncos
del rodeo

$28.50
CENTRAL 31994014793340

© 2009 Rourke Publishing LLC

All rights reserved. No part of this book may be reproduced or utilized in any form or by any means, electronic or mechanical including photocopying, recording, or by any information storage and retrieval system without permission in writing from the publisher.

www.rourkepublishing.com

Photo credits:
Front cover © Eric Limon, back cover © Olivier Le Queinec, all other photos © Tony Bruguiere except page 8 © worldwide images, page 15 © Will Lowe, page 17 © Jim Parkin, page 23 © lightasafeather

Editor: Jeanne Sturm

Cover and page design by Nicola Stratford, Blue Door Publishing

Spanish Editorial Services by Cambridge BrickHouse, Inc. www.cambridgebh.com

Library of Congress Cataloging-in-Publication Data

Stone, Lynn M.
Rodeo bronc riders / Lynn M. Stone.
p. cm. -- (All about the rodeo)
Includes index.
ISBN 978-1-60472-388-5 (hardcover)
ISBN 978-1-60472-516-2 (hardcover bilingual)
1. Bronc riding--Juvenile literature. I. Title.
GV1834.45.B75 S76 2009
791.8/4 22
2008018791

Printed in the USA

CG/CG

Rourke Publishing

www.rourkepublishing.com – rourke@rourkepublishing.com
Post Office Box 3328, Vero Beach, FL 32964

Contenido
Table Of Contents

Los domadores de broncos del rodeo / Rodeo Bronc Riders 4

Participar en las competencias / Running the Events 10

Los domadores / The Riders 22

Los caballos / The Horses 26

La historia de la doma de broncos / The History of Bronc Riding 28

Glosario / Glossary 30

Índice / Index 32

Los domadores de broncos del rodeo / Rodeo Bronc Riders

¿Dices que quieres divertirte? Intenta domar un bronco. Es más fuerte y da más vueltas que una montaña rusa.

Domar un bronco es el deporte clásico del rodeo, donde compiten la fuerte personalidad de un caballo salvaje, también conocido como el **bronco**, contra la personalidad igualmente fuerte de un experto domador. Por supuesto que el caballo salvaje quiere tirar al domador. El domador está igualmente decidido a terminar su turno, lo que se hace oficial a los ocho segundos después de montar el caballo, si es que el domador se puede mantener montado durante todo ese tiempo. Después de ocho segundos, el domador podría saltar del caballo o el caballo podría tirar al domador. Con frecuencia, otro jinete en el **estadio** cabalga hasta el bronco y ayuda al domador a desmontar.

So, you say you want to have some fun? Try bronc riding. It's tougher and has more twists and turns than any roller-coaster ride.

Bronc riding is rodeo's classic sport, matching the strong will of a bucking horse, also known as a bronc, or **bronco**, against the equally strong will of a skilled rider. The bucking horse, of course, wants to throw the rider off. The rider is just as determined to finish the ride, which becomes official eight seconds after it begins, if the bronc rider can stay aboard that long. After eight seconds, there is still the matter of scrambling, or possibly being thrown, off the bronc's back. More often, a pickup man in the **arena** rides to the bronc and helps the rider to the ground.

Los domadores que montan en pelo compiten sin silla.

Bareback bronc riders compete without saddles.

En los rodeos hay dos formas de montar a caballo: con montura o "en pelo". Algunos competidores se especializan en una u otra forma. Algunos compiten en ambas formas.

Montar con montura y en pelo suelen ser competencias para hombres. Representan dos de las tres pruebas de **doma**, o competencias calificadas por un jurado, en los rodeos importantes. La tercera es la doma de toros.

Rodeos feature two types of bronc riding, with saddles and without. Some competitors specialize in one kind or the other. Some compete in both forms.

Saddle bronc and bareback riding are generally men's events. They represent two of the three **roughstock**, or judged events, at major rodeos. The third is bull riding.

Mientras su caballo brinca hacia arriba, el domador, que ha tirado, cae de cabeza al suelo.

While his horse jumps for the sky, a tossed saddle bronc rider heads for the dirt.

HV
Dodge

Z

Las mujeres compiten en algunas pruebas de doma. Por ejemplo, la Asociación de Mujeres de Rodeo Profesional (WPRA, por sus siglas en inglés) otorga premios en la categoría de montar en pelo, pero no en la categoría de montar con montura.

Domar un bronco es más difícil de lo que parece, por sus requisitos de estilo. Ahí es donde el jurado entra en la ecuación, asumiendo que, primero, el domador dure los ocho segundos oficiales.

Women compete in some bronc riding events. The Women's Professional Rodeo Association (WPRA), for example, crowns a champion in bareback bronc riding, but not in saddleback bronc riding.

Bronc riding is even more difficult than it sounds because of its style requirements. That is where the judging enters the equation, assuming a rider lasts for the official eight seconds in the first place.

El caballo y el domador son calificados por su estilo.

Both horse and rider are judged on style.

Participar en las competencias / Running the Events

El vaquero se monta al caballo en un **brete** angosto con un portón que da al estadio. El caballo no tiene suficiente espacio para moverse y dar tumbos en el brete. Tan pronto como el caballo sale al estadio, comienza a corcovear inmediatamente.

Cuando se monta en pelo, el vaquero agarra unas riendas de cuero que parecen el mango de un maletín amarrado a una correa. Las riendas están encima de la **cruz** del caballo. Están aseguradas por una **cincha**.

The cowboy mounts the horse in a tight **chute** with a gate leading to the arena. The horse does not have enough freedom of motion to buck in the chute. Once the horse is released into the arena, it begins bucking immediately.

In bareback bronc riding, the cowboy holds on to a leather rigging, which looks like a briefcase handle on a strap. The rigging rides atop the horse's **withers**. It is secured with a **cinch**.

Un bronco, listo para dar tumbos, sale como un cohete del brete.

A bronco in bucking mode storms from the chute.

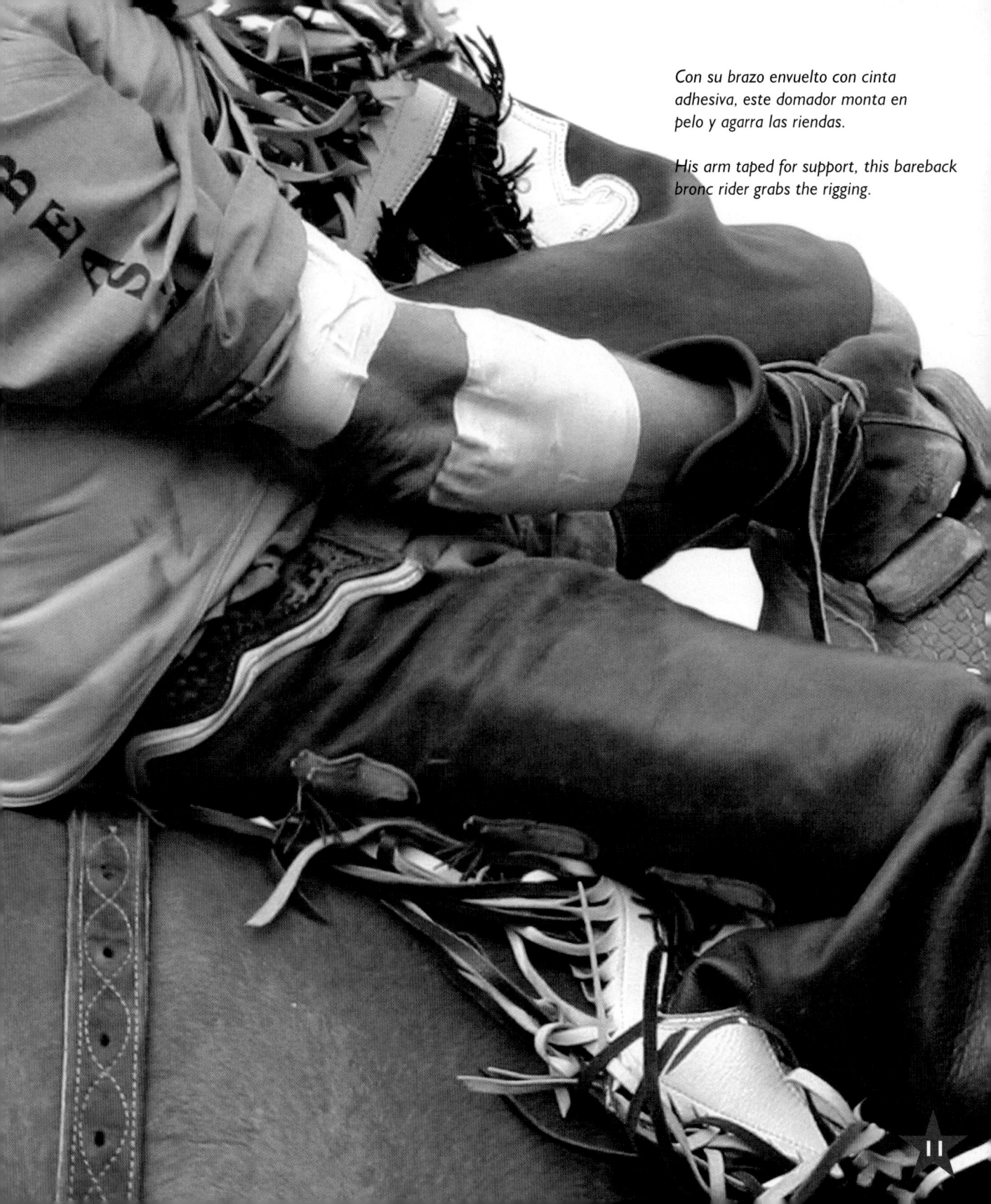

Con su brazo envuelto con cinta adhesiva, este domador monta en pelo y agarra las riendas.

His arm taped for support, this bareback bronc rider grabs the rigging.

La verijera se amarra alrededor de los flancos del caballo salvaje.

The flank strap wraps around a bucking horse's midsection.

El domador que monta con montura compite con una silla especial, sin pomo. En vez de riendas de cuero, el domador agarra unas largas y gruesas **riendas de soga** que están atadas al **dogal** del caballo.

Los caballos salvajes usan una **verijera**. Es una simple correa atada a los flancos del caballo. La idea es que el caballo dé corcovos para deshacerse de la verijera, ¡como si tener un domador encima no fuera suficiente razón para dar saltos!

The saddle bronc rider competes from a special saddle, made without a saddle horn. Instead of a rigging, the saddle bronc rider grasps a long, thick **hack rein** that is attached to the horse's **halter**.

Bucking horses wear a **flank strap**. It is simply a band tied around the horse's flank. The idea is that the horse will buck to rid itself of the flank strap, as if having a rider aboard was not enough reason to buck!

Este domador monta con montura y agarra las riendas de soga.

This saddle bronc rider grips the hack rein.

Los domadores que montan con montura y los que montan en pelo tienen que tocar los hombros del caballo al salir del brete. Los pies del vaquero tienen que mantenerse en esa posición hasta que el caballo haya dado su primer brinco, o corcovo, y haya tocado el suelo. Esta técnica de montar se llama la **posición de salida**.

Si el vaquero no asume la posición de salida, es descalificado de la corrida.

Both saddle and bareback riders must be touching the horse's shoulders as it charges from the chute. The cowboy's feet must stay there until the horse has made its first jump, or buck, and returned to the ground. This riding technique is called a **mark out**.

If the cowboy fails to properly mark out, he is disqualified from the run.

Es importante cambiar la posición de los pies para ganar puntos de estilo.

Shifting positions of the cowboy's feet are critical in earning style points.

Para tener una posición de salida exitosa se deben mantener las botas encima de los hombros del bronco.

To have a successful mark out, boots should be kept high on the bronc's shoulders.

A continuación, el vaquero trata de mover las puntas de los pies hacia afuera. Eso causa que las espuelas en sus talones se muevan hacia el caballo. Espolear es una parte importante del estilo al montar un bronco.

El domador trata de usar sus espuelas en ciertas partes del cuerpo del caballo, desde los hombros hasta la parte de atrás de la silla. Cuanto mejor espolee, mejor calificación recibe de los jueces. Los jueces quieren ver las espuelas del domador mantenerse apuntando hacia el caballo constantemente.

As the ride unfolds, the cowboy tries to point his boots outward. That turns the spurs on his heels inward toward the horse. The spurring action is a big part of bronc riding style.

The rider tries to use his spurs on the horse at several locations, from the points of the animal's shoulders to the back of the saddle. The better the spurring motion, as the judges see it, the better the score. The judges also want to see the rider's spurs consistently turned inward toward the horse.

Las espuelas son pequeñas ruedas de acero puntiagudas, fijadas a un soporte que está sujeto a las botas del vaquero. Cada espuela tiene un eje, así que rueda y el vaquero puede rodar sus espuelas a lo largo de los flancos del caballo. Las espuelas no se usan para lastimar al caballo.

Spurs are small, pointed, steel wheels fixed to a frame attached to the cowboy's boots. Each spur is on an axle, so it rolls, and the cowboy can roll his spurs along the horse's side. The spurs are not used to harm the horse in any way.

PRO RODEO
TOUR
YELLOW
ZS
HAIR

Mientras tanto, el vaquero lucha solo por mantenerse encima del caballo. Un vaquero que monta con montura debe levantar las riendas de soga para mantener su equilibrio en la silla. El vaquero que monta en pelo se aferra a las riendas de cuero.

Los vaqueros no eligen sus broncos. Un **contratista de ganado** provee los broncos al rodeo. Algunos broncos, por supuesto, son mejores que otros. Un bronco especialmente activo y acrobático tendrá mejores calificaciones que uno menos activo.

Meanwhile, the cowboy struggles just to stay aboard. A saddle bronc cowboy must lift the hack rein to balance himself in the saddle. The bareback rider grips the rigging.

Cowboys do not pick their broncs. The broncs are supplied to a rodeo by a **livestock contractor**. Some broncs, of course, perform better than others. A particularly active, acrobatic bronc is judged more highly than a less active one.

Un domador monta con montura y tira de las riendas de soga.

A saddle bronc rider strains on his hack rein.

Dos jueces observan una corrida y cada uno podría otorgar hasta 25 puntos al caballo y 25 puntos al domador.

Two judges watch a ride, and each judge may award up to 25 points for the horse and 25 points for the rider.

Un bronco acrobático tira a su domador; es parte del trabajo.

All in a day's work, an acrobatic bronc tosses its rider.

Así que un domador podría obtener un máximo de 100 puntos en total de los dos jueces. Un total de 80 o más es una calificación muy buena.

A rider, then, could earn a maximum of 100 points combined from the two judges. A ride score in the high 80s is good.

Según las reglas de la competencia, los domadores tienen que mantener una mano libre, sin tocar el caballo.

By rules of the event, bronc riders must keep one hand free from contact with the horse.

Los domadores / The Riders

Montar un bronco es extremadamente difícil y peligroso. Requiere fuerza, resistencia, flexibilidad y bastante valentía.

Las lesiones ocurren con frecuencia. Un caballo salvaje tiene tremendo poder y velocidad. Pone mucha tensión en el brazo del domador, especialmente en el que monta en pelo. Los domadores corren el riesgo de lastimarse sus codos, sus hombros, su espalda, su cuello y su espina dorsal por las corridas incómodas. Cualquier domador que no esté físicamente preparado para el deporte, corre un riesgo adicional.

Bronc riding is extremely difficult and dangerous. It requires strength, stamina, flexibility, and more than a little courage.

Injuries are common. A bucking horse has a tremendous amount of power and speed. It puts a great deal of stress on a rider's arm, especially the bareback rider. Bronc riders risk elbow, shoulder, lower-back, neck, and spine injuries from their jarring rides. Any rider who is not physically prepared for the sport faces an extra risk.

☆ Aunque la estrella domadora del rodeo Bonnie McCarroll se mató mientras montaba un bronco en el rodeo *Pendleton Roundup* de Oregon, de 1929, las muertes accidentales durante las competencias de doma son poco comunes.

☆ Although superstar rodeo rider Bonnie McCarroll was killed in a bronc riding performance in 1929 at the Pendleton Roundup in Oregon, accidental deaths in bronc riding events are extremely unusual.

Un domador se mantiene en la mejor forma física para evitar lesionarse.

A bronc rider keeps himself in top physical form to avoid injury.

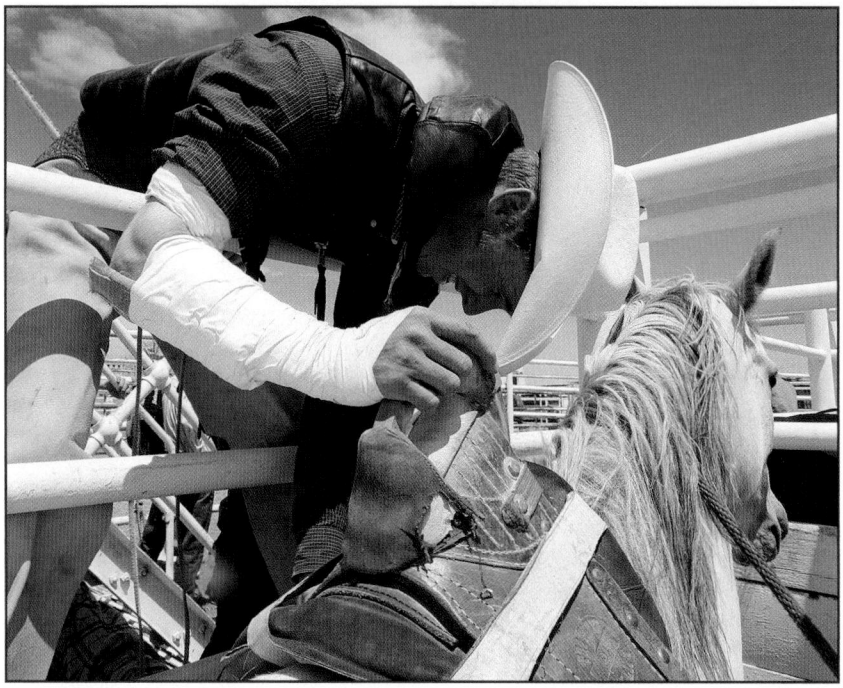

Los domadores de broncos suelen usar cinta adhesiva y un aparato ortopédico para evitar la distensión de sus brazos.

Bronc riders typically use tape and a pressure brace to avoid over-extending their arms.

Pregúntale a Casey Tibbs, uno de los mejores domadores de toda la historia, sobre las lesiones. El increíble Sr. Tibbs ganó seis campeonatos mundiales en la categoría de montar con montura, un campeonato mundial en la categoría de montar en pelo y fue nombrado campeón absoluto dos veces. Los logros de Tibbs no fueron sin dolor. Según los reportes, se ha roto 46 huesos durante su carrera.

Ask Casey Tibbs, one of the greatest rodeo performers of all time, about injuries. The amazing Mr. Tibbs won six saddle bronc world championships, a bareback bronc world championship, and two all-around world championship titles. Tibbs' accomplishments were not without pain. He reportedly broke 46 bones during his career.

Otro reconocido domador que montaba en pelo es Chris Ledeoux, quien murió a la edad de 57 años, en 2004. Ledeoux fue campeón mundial en la categoría de montar en pelo y un talentoso músico, poeta y escultor.

Another bareback bronc rider of special note is Chris Ledeoux, who died at the age of 57, in 2004. Ledeoux was a world champion bareback rider and a talented musician, poet, and sculptor.

Un bronco logra tirar a su domador aun cuando está en el aire.

Airborne, a bronc manages to throw its rider.

Dos de los más destacados domadores que montan con montura son Bill Etbauer, campeón mundial cinco veces, y Dan Mortensen, campeón mundial seis veces. Etbauer ganó su quinto campeonato en 2004. Mortensen, ahora semijubilado, fue nombrado campeón absoluto en 1997. Un año después, se convirtió en el primer vaquero en ganar más de $200 000 en una sola competencia, durante un solo año.

Two of the most outstanding saddle bronc riders are Bill Etbauer, a world champ five times, and Dan Mortensen, six times a world champion. Etbauer won his fifth world title in 2004. Mortensen, now semiretired, was the world all-around champion in 1997. A year later he became the first cowboy to win more than $200,000 in a single event in one year's competition.

Los caballos / The Horses

Los caballos salvajes de los rodeos no son verdaderamente salvajes, al menos en el sentido de vagar libremente, como los ***mustangs*** de América. Los caballos salvajes se crían en granjas y ranchos que se especializan en criar caballos que darán corcovos enérgicamente, dada la oportunidad. Si un caballo no da saltos, se entrenará para montar.

Al igual que muchos de los hombres y las mujeres que los montan, los caballos salvajes viajan de rodeo en rodeo en una camioneta para caballos. Un caballo salvaje no se monta más de una vez al día y nunca durante más de dos días seguidos. Al igual que sus domadores, los caballos salvajes necesitan estar descansados y alimentados para hacer su mejor trabajo en el estadio.

Bucking horses are not wild horses, at least not in the sense of being animals that freely roam, like American **mustangs**. Bucking horses are raised on farms and ranches that specialize in breeding horses that will buck energetically if given the opportunity. If a horse does not buck well, it will be trained as a riding horse.

Bucking horses, like many of the men and women who ride them, travel from one rodeo to another by horse van. A bucking horse is never ridden more than once a day and never more than two days in a row. Like their riders, bucking horses need to be well rested and well fed to be at their best in the arena.

☆ Los domadores de broncos se familiarizan con algunos de los mejores broncos. Es una ventaja elegir un bronco que ha comprobado que es enérgico durante una competencia, ya que al caballo lo calificarán.

☆ Some of the best bucking horses become familiar to bronc riders. It is an advantage for a rider to draw a proven, energetic bronc for a performance since the horse will be judged.

Los mejores domadores y broncos compiten en las Finales del Rodeo Nacional de la PRCA en Las Vegas.

The best bronc riders and broncs compete at PRCA's National Rodeo Finals in Las Vegas.

La historia de la doma de broncos / The History of Bronc Riding

La doma de broncos es un deporte del rodeo parecido al trabajo real en un rancho. Domar, o domesticar, potros ha sido una necesidad desde que los humanos decidieron que estos animales robustos serían útiles. Los exploradores españoles comenzaron a traer los caballos de España a las Américas a finales del siglo XV, así que los mexicanos y finalmente los americanos, los canadienses y los indígenas norteamericanos han domado caballos en Norteamérica durante 500 años.

Domar broncos ha sido la **piedra angular** del rodeo americano desde que se presentaron, por primera vez, las competencias de rodeo de una forma semiformal a finales del siglo XIX, con presentaciones como el Espectáculo del Salvaje Oeste de Buffalo Bill Cody. Tan cierto como que los vaqueros siempre usarán botas, la doma de broncos continuará siendo la piedra angular del rodeo.

Bronc riding is another of the rodeo sports that is like real ranch work. Taming, or breaking, young horses has been a necessity ever since human beings decided that these sturdy animals just might be useful to them. Spanish explorers began bringing horses from Spain to the Americas in the late 15th century, so Mexicans, and eventually Americans, Canadians, and American Indians, have been breaking horses in North America for more than 500 years.

Bronc riding has been a **cornerstone** of the American rodeo since rodeo events were first exhibited in a semiformal way in the late 1800s, with the likes of Buffalo Bill Cody's Wild West Show. Bronc riding will continue to be a rodeo cornerstone just as sure as cowboys wear boots.

Los jinetes ayudan al vaquero a desmontar después de haber montado el bronco durante ocho segundos.

Having stayed aboard the bronc for eight seconds, a cowboy is helped off by rodeo pickup men.

Tradicionalmente, los vaqueros domesticaban los caballos al montarlos y dejarlos dar corcovos hasta que se cansaran. Esa práctica fue la base para las competencias de doma en los rodeos.

Cowboys traditionally broke horses by climbing on their backs and letting them buck until they were too tired to buck any longer. That practice became the foundation for bronc riding in rodeos.

Glosario / Glossary

bronco: un caballo que da corcovos

bronco (BRON-ko): a bucking horse

brete: un espacio angosto con cercas altas en donde los animales pueden estar solos y separados de otros animales

chute (SHOOT): a tight, high-sided space in which individual animals can be contained and kept apart from each other

cincha: una correa ajustada que se amarra debajo y alrededor del caballo o la silla

cinch (SINCH): a tight strap that attaches under and around a horse or to a saddle

contratista de ganado: una persona que vende o renta los caballos o el ganado para su uso en los rodeos

livestock contractor (LIVE-stok KON-trakt-ur): a person who sells or leases horses or cattle for rodeo use

cruz: la parte más alta en la base del cuello y entre los huesos de los hombros de un caballo

withers (WITH-urz): the ridge at the upper base of the neck and between the shoulder bones of a horse

dogal: una soga o correa de cuero para la cabeza y el hocico del caballo, que se usa para llevarlo o guiarlo

halter (HAWL-tur): a rope or leather fixture for a horse's head and nose, for the purpose of leading or guiding

doma: se refiere a las competencias calificadas en las que participan broncos y toros

roughstock (RUHF-stok): referring to rodeo's judged events with broncos and bulls

estadio: el gran recinto donde las competencias del rodeo y otros eventos públicos se llevan a cabo

arena (uh-REE-nuh): the large enclosure in which rodeo and other events are held for public view

mustangs: caballos salvajes o asilvestrados, especialmente aquellos de decendencia española

mustangs (MUS-tangz): wild or feral horses, especially those with Spanish bloodlines

piedra angular: una parte básica o el fundamento de algo

cornerstone (KOR-nur-stone): a basic part or foundation of something

posición de salida: la posición en que el domador de broncos debe poner sus pies al dar el caballo su primera patada

mark out (MARK OUT): a position that a bronc rider must take with his or her feet as the horse begins its first kick

riendas de soga: una soga o correa gruesa que está sujetada al dogal del caballo

hack rein (HAK RAYN): a thick rope or strap attached to a horse's halter

verijera: una correa que se amarra alrededor de los flancos de un bronco para obligarlo a dar corcovos

flank strap (FLANGK STRAP): a band tied around a bronco's flanks to encourage bucking behavior

Lecturas adicionales / Further Reading

¿Quieres aprender más sobre los rodeos? ¡Los siguientes libros y sitios web son un buen punto de partida!

Want to learn more about rodeos? The following books and websites are a great place to start!

Libros / Books

Ehringer, Gavin. *Rodeo Legends: 20 Extraordinary Athletes of America's Sport.* Western Horseman, 2003.

Harris, Moira C. *Rodeo and Western Riding.* Book Sales, Inc., 2007.

Presnall, Judith Jada. *Rodeo Animals.* Gale Group, 2004.

Sitios web / Websites

http://www.wpra.com

http://prorodeo.org

www.nlbra.com

Índice / Index

Asociación de Mujeres de Rodeo Profesional / Women's Professional Rodeo Association 9
brete / chute 10
competencias de doma / roughtstock events 6
contratista de ganado / livestock contractor 19
doma de toros / bull riding 6
Espectáculo del Salvaje Oeste de Buffalo Bill Cody / Buffalo Bill Cody's Wild West Show 28
espuelas / spurs 16
estadio / arena 4
estilo / style 16
jurado / judges, judging 9, 20, 21
Ledeoux, Chris 25
lesiones / injuries 22, 24
mujeres / women 9
mustangs 26
pomo / saddle horn 13
posición de salida / mark out 14
riendas / rigging 10, 19
riendas de soga / hack rein 13, 19
Tibbs, Casey 24
verijera / flank strap 13

Sobre el autor / About the Author

Lynn M. Stone es fotógrafo, conocido mundialmente por sus fotos de la fauna y la flora y de animales domésticos. Es también autor de más de 500 libros para niños. Su libro *Box Turtles* fue nombrado "El libro de ciencias más destacado" y "Elección de los selectores 2008" por el Comité de Ciencias del *National Science Teachers' Association* y el *Children's Book Council*.

Lynn M. Stone is a world-reknowned wildlife and domestic animal photographer. He is also the author of more than 500 children's books. His book *Box Turtles* was chosen as an "Outstanding Science Trade Book" and "Selectors' Choice for 2008" by the Science Committee of the National Science Teachers' Association and the Children's Book Council.